NOTICE

SUR

MADAME STUREL

NÉE

MARIE-OCTAVIE PAIGNÉ.

PAR

LE DOCTEUR SCOUTETTEN.

METZ.

IMPRIMERIE S. LAMORT, RUE DU PALAIS.

1854.

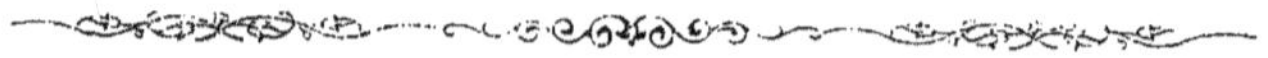

NOTICE

SUR

MADAME STUREL

NÉE

MARIE-OCTAVIE PAIGNÉ.

Il y a quelques mois à peine, un concert de louanges, parti de Paris et répété par tous les échos de la presse, révélait au monde le talent artistique d'une femme modeste, plus occupée de sa famille que de sa renommée.

Dans le premier article sur l'exposition de peinture de 1853, un critique savant et habile écrivait : « Les honneurs du salon reviennent à deux femmes, Mlle Rosa Bonheur et Mme Sturel-Paigné[1]. » C'est ainsi que débutait, par un accueil exceptionnel, une artiste dont était fier depuis longtemps son maître

[1] Delécluze, *Journal des Débats*, 22 mai 1853

Maréchal, le chef de cette école qui se distingue par l'harmonie de la couleur et surtout par la dignité et l'élévation de la pensée.

L'artiste que nous admirions, la femme aimée et respectée n'est plus ; un événement cruel, inattendu, est venu nous la ravir jeune, forte, animée par l'espérance, encouragée par le succès.

Madame Sturel, née Marie-Octavie Paigné, était fille d'un capitaine de la garde impériale : elle reçut le jour à Metz, le 9 mai 1819. Elle connut peu sa mère qu'elle perdit à quinze ans. Son père lui-même mourut lorsqu'elle était encore fort jeune ; il laissa orphelines quatre filles dont Octavie était l'une des moins âgées.

A seize ans, elle fut admise dans l'atelier de M. Maréchal ; son assiduité au travail, sa rare aptitude abrégèrent ses études préliminaires et la firent promptement remarquer parmi les élèves ses compagnes.

Guidée par son maître qui venait de rendre au pastel une vie nouvelle, en employant des *dessous* qui relevaient les tons et donnaient à ses tableaux l'éclat et la vigueur de l'huile, Octavie Paigné adopta ce genre de peinture ; elle étudia la tête et, en peu d'années, elle acquit un talent qui lui permit d'exposer successivement la *Fille au Chapelet*, la *Couronne de Liserons* et la *Sainte Elisabeth de Hongrie*, tableaux dans lesquels la finesse du dessin est unie à une vigueur de coloris très-remarquable.

Malgré les encouragements donnés à ces débuts, et quelque certain que parût le résultat d'efforts continués dans cette direction, ce n'était pas de travaux de cette nature que Mlle Paigné devait attendre les brillants succès réservés à ses dernières productions et les douces émotions qui embellirent quinze années de sa vie.

Une circonstance imprévue, le hasard, ce grand maître des destinées artistiques, décida aussi de celle d'Octavie Paigné. M. Maréchal, à une époque déjà reculée de son professorat, avait été amené à admettre que l'étude des sujets qu'on appelle de *nature morte* devait favoriser l'intelligence de la couleur, et il s'était décidé à faire passer ce mode d'initiation dans son atelier. Mlle Paigné accueillit avec empressement cette pensée ; elle se livra aux exercices recommandés par son maître, et, entraînée par une prédilection croissante, elle substitua à l'étude de la figure celle des fleurs et des fruits. L'approbation du public vint bientôt confirmer le goût de la jeune artiste ; ses *fleurs*, dès leur première apparition, furent remarquées comme une heureuse nouveauté et prirent rang parmi les œuvres de choix destinées à faire l'ornement des expositions.

Dès-lors la voie était indiquée, il ne restait qu'à la parcourir avec sûreté ; Mlle Paigné s'y appliqua sous la direction du professeur habile qu'elle suivait avec une entière confiance.

Octavie avait reçu du ciel toutes les qualités si parfaitement indiquées par Millin[1] : « Pour avoir du succès dans la peinture des fleurs il faut, dit-il, de certaines dispositions naturelles qui ne sont pas le partage de tous les artistes ; il y a même des qualités morales qui paraissent favoriser ceux des artistes qui les ont possédées. Au coup-d'œil qui les rend dessinateurs précis et bons coloristes, à la patience infatigable pour les détails, à la propreté dans le travail qui conduit à la perfection, ces artistes joignent ordinairement une douceur de caractère, une sérénité d'âme et une égalité d'humeur propres à rendre la précision toujours la même, la couleur toujours pure, la touche également sûre et légère. » Ce tableau nous montre Octavie telle qu'elle fut toute sa vie : douce, calme, patiente, ravissante

[1] Millin, *Dictionnaire des Arts*, au mot *fleurs*.

de naïveté et de bonté. C'était une de ces natures heureuses qui jouissent du bonheur qu'elles donnent : simple, affectueuse, elle s'oubliait pour ne penser qu'aux autres.

Trois manières distinctes marquèrent le développement du talent de Mlle Paigné. La première consista à enlever sur des fonds demi-foncés, verdâtres ou brunâtres, des bouquets simples composés le plus souvent de fleurs de même espèce, dessinées et coloriées avec vigueur, mais dont la disposition et l'effet accusaient de l'incertitude et un peu de lourdeur.

La seconde manière nous montre des bouquets d'une grande importance, composés de fleurs variées, groupées et dessinées avec recherche et enlevées sur des fonds de ciel uniformément clairs. Un grand éclat de lumière, beaucoup de douceur et de délicatesse, mais un peu de confusion, de mollesse et de pâleur sont les qualités et les défauts de cette seconde phase qui fut une transition entre le talent inexpérimenté de l'essai et la force intelligente de la réussite.

Dans la troisième manière les qualités précédentes ont pris une grande extension et elles sont sans mélange : la simplicité revient mais unie à la richesse ; la lumière rayonne ; la coloration est éclatante : les détails fourmillent, mais l'ensemble est saisissant. Des branches de nos fleurs géantes, des trémières, des pivoines, des iris, des daturas, groupés avec une élégante vérité, s'étalent sur des fonds mi-ciels, mi-terrains qui soutiennent les lumières et détachent les tons vigoureux. Les harmonies et les contrastes les plus frappants sortent sans efforts de cette heureuse combinaison et donnent aux œuvres d'Octavie Paigné un cachet de grandeur qui en fait des modèles de genre.

C'est dans cette dernière catégorie que se classent les ouvrages exposés, pour la première fois, à l'une des dernières séances intimes de la Société de l'Union des Arts de Metz, au mois de juin 1852. C'était deux bouquets, l'un de roses trémières et de clématites, l'autre de pivoines et d'iris. Ces tableaux, véritables chefs-d'œuvre, provoquent l'étonnement et l'enthousiasme. Aussitôt on s'en dispute la possession et, dès le lendemain de leur apparition, ils deviennent la propriété de l'un des admirateurs du talent de l'artiste. En les abandonnant Mme Sturel-Paigné s'était réservé le droit de les exposer à Paris, où déjà, au commencement de cette même année 1852, ses œuvres avaient été remarquées et avaient obtenu l'honneur d'être désignées par le jury pour être immédiatement réexposées.

Au mois de mai 1853 les salons de l'exposition s'ouvrent et les tableaux de notre artiste y occupent une de ces places heureuses qui déjà signalent le mérite de l'œuvre. Bientôt les peintres s'étonnent et admirent; ils ne comprennent pas comment avec des crayons poudreux, avec des couleurs mates et sans éclat on arrive à produire ces magnifiques pastels où l'on trouve la transparence de la corolle unie à la vigueur des tons, la fermeté du feuillage, les raccourcis habiles et les contours harmonieux dont le secret appartient à la nature, et qu'elle semble avoir révélé à Octavie. C'est alors que les éloges éclatent, et que l'admiration devient universelle.

Au jugement approbateur de la foule et des artistes, vient bientôt s'ajouter une distinction auguste. L'impératrice des Français, en parcourant les galeries de l'exposition, remarque aussi les tableaux de Mme Sturel-Paigné; elle comprend avec un sentiment exquis de délicatesse ce qu'il y a de vérité, de vie, dans ces fleurs groupées avec un merveilleux bonheur; elle les loue, et bientôt exprime le désir de les posséder. Au vœu de l'impératrice, Mme Sturel-Paigné répond avec la déférence la plus désintéressée et la plus respectueuse. C'est ainsi qu'Octavie marque son entrée dans la carrière : ses œuvres passent du palais des arts où ils triomphent, dans le palais des rois où on les admire [1].

Les éloges du public ne firent que précéder une distinction honorable et importante puisqu'elle est le résultat de la décision de peintres éminents, appréciateurs et juges du mérite des œuvres exposées : à l'unanimité ils décernèrent à notre jeune artiste une médaille d'or qui lui fut remise dans la séance pu-

[1] Cet incident donna lieu à une correspondance que les journaux du département de la Moselle insérèrent dans leurs colonnes. Voici la narration faite par M. Alcan, dans le *Moniteur de la Moselle* et répétée dans le *Courrier* du 23 juin 1853 :

« L'école de peinture de Metz vient de recevoir, dans la personne de l'un de ses membres d'élite, une bien flatteuse et honorable distinction. Nous sommes heureux de la faire connaître à nos lecteurs dans tous ses détails, usant en cela des révélations intimes, trop largement peut-être pour la modestie des uns et des autres, mais ne faisant certes rien de trop pour la gloire artistique de Metz.

» LL. MM. l'Empereur et l'Impératrice visitaient, mardi dernier, l'exposition à laquelle notre ville a si largement concouru. Le lendemain, M. de Chennevières, inspecteur chargé de l'exposition, écrivait à M\u1d50\u1d49 Sturel-Paigné :

« MAISON DE L'EMPEREUR.

» Le 16 juin 1853.

» Madame,

» LL. MM. l'Empereur et l'Impératrice sont venus hier visiter l'expo-
» sition. LL. MM. ont vivement admiré les beaux pastels que vous nous
» avez envoyés de Metz, et l'Impératrice a manifesté le plus grand désir
» de posséder vos deux bouquets de roses trémières et de pivoines. Il m'a
» été dit et redit que tous vos beaux pastels étaient vendus à des ama-
» teurs de Metz. Cependant, Madame, s'il vous était possible d'obtenir
» des possesseurs qu'ils les cédassent à S. M., tout le monde ici vous en
» serait fort obligé. Les personnes qui les ont acquis vous savent assuré-
» ment capable de leur en faire d'autres au moins égaux comme bonheur
» d'arrangement et d'exécution, ou au moins de leur refaire les mêmes,
» et il serait d'un bon exemple pour nos peintres de fleurs de Paris, que
» l'on vît vos deux beaux bouquets goûtés comme ils le méritent par
» l'Impératrice et acquis par elle. Quant au prix, je vous serai obligé,

blique du 26 juillet 1853, présidée par Son Altesse Impériale le prince Napoléon.

Mᵐᵉ Sturel-Paigné n'avait repris les tableaux donnés à l'impératrice qu'avec la pensée bien arrêtée d'indemniser le premier possesseur de ses pastels ; elle tient à les remplacer par une composition plus large et plus heureuse encore que la première, si cela est possible. Durant tout l'été de 1853 elle travaille

» Madame, de nous le faire savoir, soit que vous le fixiez vous-même, » soit qu'il soit déterminé par l'acquéreur de vos fleurs.

» Veuillez agréer, Madame, l'expression de ma très-haute et très-res- » pectueuse considération.

» L'Inspecteur chargé de l'exposition,

» Ph. de CHENNEVIÈRES. »

» En effet, les deux tableaux qui avaient attiré l'attention de S. M. l'Impératrice n'étaient plus la propriété de madame Sturel-Paigné, et le nom de l'heureux possesseur, la lettre suivante va nous l'apprendre, lettre écrite par M. le comte Malher, préfet de la Moselle, qui, justement fier de tout ce qui arrive d'heureux ou de glorieux aux artistes du pays, est toujours le premier à les en féliciter.

« Metz, le 18 juin 1853.

» Madame,

» C'est avec un sentiment de vif plaisir et d'orgueil départemental que » j'ai reçu ce matin, par M. le docteur Scoutetten, la nouvelle de la » distinction dont votre beau talent vient d'être l'objet de la part de » S. M. l'Impératrice.

» Permettez-moi, Madame, de m'associer à vos concitoyens pour » vous en féliciter ; vous avez ajouté un fleuron à notre couronne mo- » sellane. Je suis heureux d'être près de vous l'interprète de notre dépar- » tement.

» Veuillez agréer, Madame, l'hommage de mes sentiments de respect.

» Le Préfet de la Moselle,

» MALHER. »

« M. le docteur Scoutetten, avec une parfaite bonne grâce et un empressement dont tout le monde appréciera la haute convenance, a immédiatement renoncé à des droits, si précieux déjà, et qui l'étaient devenus bien plus encore ; nous ne saurions mieux traduire la digne obligeance de M. Scoutetten, qu'en citant les deux lettres qu'à son tour avec assiduité, elle termine six tableaux de fleurs et trois de fruits, et quelques semaines avant sa mort elle montre à ses amis émerveillés des chefs-d'œuvre devant lesquels l'esprit étonné se livre à l'admiration et n'ose faire un choix.

Qui pouvait alors supposer que ces fleurs deviendraient la couronne d'immortelles déposée sur sa tombe !

Hélas ! un événement cruel est venu nous ravir la femme que nous admirions !

il a écrites, la première à M. de Chennevières et l'autre à Mme Sturel-Paigné :

« Monsieur,

» Madame Sturel-Paigné m'a communiqué la lettre que vous lui avez » écrite : je suis heureux de l'éclatante distinction que ses travaux vien-» nent de recevoir.

» Possesseur de deux tableaux qui étaient, je l'avoue, l'objet de mon » admiration et de mon affection particulière, je n'hésite pas à les rendre « à Mme Sturel.

» Il m'est très-agréable de satisfaire le désir exprimé par l'Impératrice » et de concourir ainsi à rendre plus facile la protection éclairée que S. M. » accorde aux arts.

» Recevez, Monsieur, l'assurance de mes sentiments les plus respectueux.

» SCOUTETTEN. »

« Le 18 juin 1853.

» Madame,

» L'accueil fait à vos travaux était depuis longtemps accompli dans ma » pensée, et j'étais tout préparé à en recevoir la nouvelle. Personne, plus » que moi, n'est heureux de ce succès; il rejaillit sur nos artistes messins » et surtout sur notre ami Maréchal, qui, à juste titre, est appelé le chef » de cette nouvelle école dont vous êtes un des plus habiles et des plus » brillants représentants.

» Vous me demandez à me séparer de vos magnifiques tableaux de fleurs » pour les offrir à S. M. l'Impératrice des Français, qui a exprimé le désir » de les posséder. Ce sacrifice est grand, mais je l'accomplis sans hésita-» tion. Le choix de l'Impératrice est une distinction trop honorable pour » que vous n'en soyez pas heureuse; quelque faible que soit la part que » je puis avoir à ce bonheur, je veux y concourir; vous êtes libre de dis-

Depuis plusieurs années Octavie Paigné avait uni sa des-
tinée à M. Sturel, homme de cœur et d'intelligence, appréciant
parfaitement la valeur du trésor qu'il possédait. Madame Sturel,
mariée le 25 novembre 1845, était déjà mère d'une fille ;
elle désirait un fils ; ce souhait, qui devait bientôt s'ac-
complir, allait compléter son bonheur. Tout concourait aux
douces illusions, sa santé était excellente, le travail ne
l'avait pas fatiguée ; accueillie, honorée pour ses qualités et
son talent, adorée de son mari, chérie de ses proches, sa
vie était douce et heureuse, rien, non rien ne manquait à sa
félicité. Hélas! le bonheur passe comme l'ombre ; il vient un
jour fatal où les rêves s'évanouissent, où périssent toutes les
réalités de la vie. C'est ainsi que se confirment ces doulou-
reuses et prophétiques paroles du Psalmiste : « *La gloire sèche
comme l'herbe, les couronnes se flétrissent et tombent presque d'elles-mêmes* .

Le 10 janvier 1854 Mme Sturel donne naissance à un fils ;
la joie est grande, elle semble pure de tout nuage. Mais des
accidents inattendus éclatent, et la femme qu'on venait de voir
fraîche, bien portante, trois jours plus tard n'était plus [2]! Cet
événement émut toute la ville, car on comprit que la perte

» poser de vos tableaux. J'applaudis aux éloges qu'ils ont reçus, à ceux
» qu'ils recevront et qu'ils mériteront toujours, quelle que soit la place
» qu'ils occupent.

» Agréez, Madame, l'expression de mes sentiments de respect et d'ad-
» miration.

» SCOUTETTEN. »

« Cet intéressant épisode de l'histoire artistique de Metz n'a pas besoin
d'autre commentaire. »

[1] *Psalm.* LXXIX, vers. 6.

[2] Mme Sturel-Paigné est morte le 13 janvier 1854, à sept heures du
matin.

d'une femme jeune, bienveillante, charitable, unissant aux qualités du cœur les dons brillants de l'intelligence était un malheur public.

L'histoire rapporte qu'à la mort de Raphaël, les Romains prirent le deuil, et pour justifier leur admiration et leur douleur, ils firent porter, en tête du convoi funèbre, la *Transfiguration*, dernier tableau du grand peintre.

Ce dernier honneur ne fut pas décerné à Mme Sturel, mais le deuil était dans tous les cœurs. Aussi vit-on accourir, pour rendre les derniers devoirs à l'artiste éminente que la mort venait de ravir, une foule d'amis, d'hommes distingués, d'ouvriers, de pauvres, de femmes de toutes les conditions ; cette foule était immense, elle marchait silencieuse, recueillie, lentement, et comme si elle voulait retarder une séparation définitive.

Puissent ces témoignages éclatants d'affection et de sympathie publiques adoucir la douleur de la famille ! Sans doute la perte est irréparable, mais le nom de l'artiste appartient à la postérité ; c'est elle qui conserve précieusement le dépôt des œuvres de mérite, qui les couronne d'une véritable gloire et en augmente chaque jour la valeur. Ce qui assure, en effet, aux tableaux de Mme Sturel-Paigné un succès durable et croissant, c'est la manière large et neuve dont elle choisit ses fleurs et compose ses bouquets. Pendant longtemps l'art, surtout l'art français, n'a regardé la nature que comme un personnage secondaire, bien inférieur à l'homme et entièrement soumis à sa grandeur. Le paysage ne fut pour nos maîtres que l'encadrement d'une scène historique ou le jardin des héros et des philosophes. Les sujets de *nature morte* occupèrent rarement leurs pinceaux, et les fleurs, aux yeux même de ceux qui en firent l'objet d'une étude spéciale et leur œuvre de choix, ne furent que le motif d'une décoration légère et brillante. Voyez Breughel *de Velours* [1] établissant sa réputation par un tableau où brillait par dessus tout un encadrement de fleurs et de fruits. C'était un *Jugement de Salomon,* mais non pas celui par lequel ce sage roi découvrit la bonne mère. La reine de Saba présenta un jour au roi d'Israël six fleurs de lis naturelles et six fleurs de lis artificielles, ces dernières si artistement imitées qu'il était fort difficile de les distinguer des véritables. Salomon, dans sa haute sagesse, lâche une abeille qui va droit aux fleurs naturelles [2]. Breughel avait rendu le sujet avec amour et bonheur.

Il existe plusieurs tableaux de la jeunesse de Rubens ornés de fleurs par Breughel. C'était ordinairement des madones que cet artiste encadrait gracieusement dans ses guirlandes de lis, de tulipes, d'œillets, de jasmins, de roses et d'altheas, parmi lesquelles se jouaient de jolis insectes, des scarabées, des papillons, et un des oiseaux favoris du peintre, le perroquet. Tout cela est charmant, sans doute, mais est-ce bien la nature dans sa force et son éclat? Les fleurs de Breughel sont des miniatures faites avec soin et dont la loupe peut découvrir les perfections; ce sont des ornements qui plaisent, mais non des *fleurs vraies* qui servent de modèles.

Les bouquets de Baptiste ont pu charmer aussi longtemps qu'ils couvraient les panneaux de salle à manger, les trumeaux des grands palais du style Louis XIV, car c'était une peinture large, hardie, qui devait être vue de loin, et qui convenait particulièrement à la destination de ses tableaux: mais restez à distance, si ne voulez, en détruisant la perspective, perdre toutes les illusions de la peinture. Baptiste est un homme habile, mais ce n'est pas un maître.

[1] Né en 1575.
[2] *Histoire des Peintres.* Vie de Breughel.

Il en est tout autrement du célèbre hollandais Van Huysum[1], il donne à la nature la première place dans son amour aussi bien que dans ses tableaux.

Il est véritablement le premier, et peut-être le seul maître des peintres de fleurs. Ses bouquets sont ravissants, et qui les voit pour la première fois, s'éprend d'admiration et d'enthousiasme pour l'éclat de la couleur, le fini de la peinture, la richesse et le bon goût des accessoires. Rien ne manque : oiseaux, papillons, guêpes, mouches à miel; il n'oublia, pour ainsi parler, aucun des satellites de la fleur. Voilà ce qui séduisit l'envoyé de France, le comte de Morville qui lui commanda de suite quatre tableaux. Cette haute protection mit Van Huysum en vogue, et il vendit chacun d'eux jusqu'à 1200 florins de Hollande[2]. Sa réputation s'étant ainsi répandue bien vite au dehors, tous les princes d'Allemagne, tous les souverains de l'Europe furent jaloux de posséder des *fleurs* de la main d'un peintre aussi éminent, et ils en donnèrent des prix considérables.

Et cependant ces tableaux si renommés manquent de sévérité, de grandeur : l'art a une trop grande part à l'arrangement des fleurs, à la disposition du bouquet. « Van Huysum interrompit souvent, dit M. Ch. Blanc[3], par certains menus détails la masse de sa composition ; pour la rendre plus légère, il se plut à la couper au moyen de petites branches fines et capricieuses, dont la ténuité élégante ravit sans doute le botaniste qui reconnaît et nomme avec joie le myosotis, le fuchsia ou la raiponce bleue; mais ces délicats accessoires nuisirent parfois à la franchise de l'effet général et furent par là remarqués des artistes. »

[1] Né à Amsterdam en 1682.
[2] Aujourd'hui ils valent plus de 12000 francs.
[3] *Histoire des peintres.* Vie de Van Huysum.

Ajoutons que le bon goût ne saurait approuver l'assemblage confus de raisins, de pêches, grenades, noix, pavots, roses, œillets, fraises, nid de fauvette, limaçon, insectes; c'est de *la manière*, ce n'est pas encore *la nature vraie*.

Quant aux fruits de Van Huysum, on leur reproche « d'avoir les apparences de la cire et le poli de l'ivoire. Ses » pêches sont trop fermes, ses prunes ne provoquent pas » la soif, et ses raisins laissent à désirer un peu plus de ma- « turité, d'or et de soleil [1] »

Mme Sturel-Paigné possède presque toutes les qualités de ces grands peintres sans avoir leurs défauts. Ses fleurs, il est vrai, n'ont pas le fini pointillé de celles de Breughel et de Van Huysum, mais quelle vérité et quelle force ! Cette artiste n'emprunte rien aux accessoires pour faire valoir ses bouquets; vous n'y voyez ni les ailes diaprées des brillants papillons, ni mascarons, ni chimères formant les anses de vases élégants, ni consoles de marbre servant à soutenir de gracieuses corbeilles. Ses fleurs se présentent hardiment, parées de leur seule et véritable couleur ; elles se montrent telles que vous les offre la nature, ce livre charmant et lumineux où les grands artistes puisent leurs inspirations. Voici un bouquet de roses tremières roses et blanches ; elles ont toute la fraîcheur du matin, vous ne voyez que des fleurs et des feuilles de grandeur naturelle. L'art ou le caprice du peintre n'a rien affaibli: c'est la nature prise corps à corps avec toutes ses difficultés, mais aussi avec son éclat et sa puissance.

Rien n'est plus délicat que ces pétales transparents où l'on croit voir la sève circuler dans les canaux; rien de plus ferme que ces tiges solides portant d'innombrables boutons de fleurs, que ces feuilles nerveuses qui veulent s'étaler hors du tableau.

---

[1] *Histoire des peintres* par Ch. Blanc. Vie de Van Huysum, page 14.

C'est avec cette manière large et hardie qu'ont été exécutés les derniers travaux de Mme Sturel-Paigné. Ils mettent en relief les qualités qui la distinguent ; la force du dessin, la grandeur de tournure, l'éclat et la suavité de couleur, et ils donnent à ses fleurs et à ses fruits plus qu'à ceux d'aucun de ses devanciers l'aspect et la vitalité de la nature.

Le goût de notre artiste n'avait pas toujours été aussi pur, aussi franc, aussi hardi. L'inexpérience ou l'incertitude d'un talent qui s'essaie avait introduit dans les tableaux de sa première et de sa seconde manière les défauts des peintres ses prédécesseurs. Ses bouquets plongeaient dans un vase, les insectes bourdonnaient sur les fleurs, le limaçon se glissait sur les feuilles ; le liseron enlaçait les tiges et les feuilles du pavot, il étalait sa fleur sur la console qui supportait le vase, ou bien voulant éviter la symétrie, les feuilles et les fleurs étaient jetées au hasard, elles se heurtaient avec confusion et, malgré un admirable éclat de couleur, on regrettait de ne trouver ni l'ordre intelligent de la science, ni le charme inattendu qu'imprime le hasard. Ces défauts ont été compris, ils ont disparu et l'artiste, en mourant, nous a laissé des chefs-d'œuvre que rien n'égale.

L'histoire rapporte[1] que Zeuxis, concourant avec Parrhasius, mit sous les yeux des juges des grappes de raisin si bien rendues, que les oiseaux venaient les becqueter. L'illusion a été poussée plus loin, car les fruits de Mme Sturel-Paigné trompent l'homme lui-même. Voyez ces raisins arrivés à leur maturité ; la pellicule mince, dorée, vous laisse apercevoir le pépin nageant dans la pulpe sucrée ; et cette pêche veloutée, savoureuse, qu'on voudrait mettre sous la dent ; et ces pommes si fermes, dont le relief vous montre les couleurs jaune et rouge

[1] Pline, *Histoire nat.*, liv. XXXV.

du contour ; il n'y a pas jusqu'aux nèfles, ce fruit ingrat pour la peinture, qui ne se présentent avec un aspect séduisant.

De même que dans ses tableaux de fleurs Mme Sturel-Paigné ne cherche que la vérité et la simplicité. Ses fruits pendent aux branches ; des feuilles d'automne, aux couleurs nuancées, en font l'accompagnement et l'ornement. Mais aussi quelle richesse de tons dans ces feuilles demi-mortes, plissées, desséchées, et présentant ces raccourcis merveilleux qui, seuls, suffiraient pour attester la supériorité de l'artiste. Prenez les tableaux de David de Heem, le grand peintre des fruits, analysez et comparez !

Mme Sturel-Paigné a malheureusement trop peu vécu pour faire un grand nombre de tableaux. Dégagée, par sa fortune, des soucis de la vie, elle donnait, à de rares exceptions près, ses œuvres à ses amis, à ses admirateurs ; aussi est-il arrivé que le musée de peinture de sa ville natale ne possédait pas un seul de ses pastels. Le Conseil municipal de Metz a vivement senti ce que cette absence avait de regrettable, et il a décidé, dans une séance extraordinaire tenue le 21 janvier 1854, qu'une députation du Conseil, conduite par M. le Maire, se rendrait près de M. Sturel pour obtenir qu'il cédât un des tableaux de sa femme. Cette honorable démarche a été suivie de succès, et la galerie de Metz va s'enrichir d'un chef-d'œuvre qui sera pour les jeunes artistes un précieux modèle et, pour tous, un objet d'admiration [1].

---

[1] A la suite de cette démarche, M. le Maire de la ville a écrit à M. Sturel la lettre suivante :

« Metz, le 26 janvier 1854.

« Monsieur,

» A la prière de mes collègues du Conseil municipal comme à la mienne, vous avez bien voulu faire, en faveur du Musée de notre ville, le sacrifice de l'une des œuvres de Madame Sturel ; vous avez ainsi secondé notre désir

Un grand honneur s'attachera encore, sans aucun doute, au nom de Mme Sturel ; ses tableaux iront prendre place au Louvre. L'intérêt de l'art, le suffrage du public et des peintres, l'approbation de personnages éminents, la distinction décernée par l'impératrice, tout concourra à ouvrir aux œuvres de Mme Sturel les portes du palais consacré à la gloire des grands artistes.

d'offrir aux études un précieux modèle, et de perpétuer, pour la gloire de la cité, la mémoire de l'aimable artiste dont tous, avec vous, Monsieur, déplorent l'irréparable perte.

» J'éprouve le besoin, Monsieur, de ne pas tarder à vous offrir l'expression de notre reconnaissance pour votre bienveillant empressement à répondre à notre vœu. Il me reste à vous demander l'autorisation de faire prendre, pour le déposer au Musée, le tableau qui a été choisi par M. Maréchal et dont vous voudrez bien faire connaître le prix : la commission, ainsi que moi, acceptant à l'avance celui qu'il vous conviendra de fixer.

» Agréez, Monsieur, l'expression de mes sentiments très-distingués.

» *Le Maire,* JAUNEZ. »

M. Sturel a répondu qu'il était très-reconnaissant de la démarche faite par la commission du Conseil municipal et par M. le Maire, qu'il y voyait un hommage précieux rendu au talent de sa femme, et qu'il s'empressait de mettre à leur disposition le tableau de pivoines et d'iris choisi pour le Musée de la ville.

M. Sturel n'a point voulu toucher le prix du tableau ; il a prié M. le Maire de placer la somme, et d'employer les intérêts qu'elle produira à fonder un prix d'honneur annuel pour les élèves de l'École municipale de Dessin. C'est ainsi que va se perpétuer, parmi la jeune génération, le souvenir de l'artiste regrettée.

Dans la séance du 11 février 1854, le Conseil municipal a accueilli, avec empressement, l'offre généreuse de M. Sturel, et il a chargé M. le Maire de lui exprimer, par lettre, la reconnaissance des représentants de la cité.

9 782329 151946